Georg Austen (Hg.)

Nikolaus mit Kindern feiern

Geschichten und Kreativideen

Mit Texten von Elsbeth Bihler
und Illustrationen von Sigrid Leberer

Lahn-Verlag
Bonifatiuswerk

Inhalt

Vorwort

Papst Franziskus betont unermüdlich die Bedeutung von Barmherzigkeit und fordert uns Christen auf, unser Herz für die Nöte anderer zu öffnen. Der heilige Nikolaus ist bis in die heutige Zeit ein Vorbild der Barmherzigkeit. Er steht für die christlichen Werte der Solidarität, Hilfsbereitschaft, Bescheidenheit und Nächstenliebe. Auch in scheinbar ausweglosen Situationen bietet er den Mitmenschen seine Hilfe an. Es sind christliche Tugenden, nach denen er handelt. Tugenden, von denen auch die Bibel immer wieder erzählt.
Selbst wenn kaum jemals ein Kind den Nikolaustag vergisst – schließlich geht es um das Schenken –, kommt das Wissen über den Heiligen zunehmend abhanden. In der Darstellung verschwimmen die Unterschiede zwischen Nikolaus und dem von der Werbeindustrie hochgepuschten Weihnachtsmann.
In diesem Buch finden Erzieher/-innen, Grundschullehrer/-innen, pastorale Mitarbeiter/-innen und Eltern Anregungen und Hilfen, Kindern die Gestalt des heiligen Nikolaus näherzubringen. In Geschichten, Gedichten und Liedern erfahren sie viel über den berühmten Mann aus Myra. Spiele, Stilleübungen, Basteltipps und Gebete laden dazu ein, Nikolaus vielleicht ganz neu zu entdecken. Dabei wünsche ich allen viel Freude!

IHR GEORG AUSTEN

Bedeutung der Symbole

- Geschichte / Text
- Aus der Bibel
- Kurzinfo
- Anregung / Gesprächsimpuls
- Traumreise
- Mitmachidee
- Kreatividee
- Lied
- Kochen und backen
- Gebet

Der Nikolaus kommt

Der Nikolaus kommt

Es klingelt an der Tür. Markus sieht Petra an. Petra sieht Markus an. „Wollt ihr nicht öffnen?“, fragt die Mutter. Es klingelt wieder. Da steht der Vater auf und geht zur Tür. Mit schweren Schritten läuft der Nikolaus durch den Flur. Jetzt öffnet der Vater die Zimmertür. Ängstlich stehen Markus und Petra da. Der Nikolaus sieht aus wie ein Bischof. Er hat ein rotes Gewand an. Er trägt eine Bischofsmütze auf dem Kopf und hält einen Bischofsstab in der linken Hand. Mit der rechten Hand trägt er einen Sack auf dem Rücken. Ganz freundlich sagt er: „Guten Abend!“ Da haben die Kinder keine Angst mehr. Markus gibt dem Nikolaus die Hand. Petra singt sogar ein Lied vor:

„Lasst und froh und munter sein
und uns recht von Herzen freu’n.
Lustig, lustig traleralera,
heut ist Nikolausabend da!“

Dem Nikolaus gefällt das Lied. Er nimmt seinen Sack vom Rücken und stellt ihn mitten ins Zimmer. Markus und Petra dürfen in den Sack hineinfassen. Da gibt es Äpfel, Plätzchen und Spielzeug. „Danke, Nikolaus!“, rufen die Kinder. Dann muss der Nikolaus weiter. Er sagt: „Viele Kinder warten auf mich!“

Ob es wirklich der richtige Nikolaus war? Oder jemand, der sich verkleidet hat? Markus weiß es nicht. Im Flur findet er noch ein kleines Auto und eine Apfelsine in seinen Schuhen.

NACH ROLF KRENZER

GESPRÄCHSIMPULSE

- ✔ Warum haben Petra und Markus erst einmal Angst vorm Nikolaus?
- ✔ Wie könntest du dich auf den Besuch des heiligen Nikolaus vorbereiten?
- ✔ Was meinst du? War es der richtige Nikolaus oder jemand, der sich verkleidet hat?

Lasst uns froh und munter sein

2. Dann stell ich den Teller auf,
Niklaus legt gewiss was drauf.

3. Wenn ich schlaf, dann träume ich:
Nikolaus bringt was mit für mich.

4. Wenn ich aufgestanden bin,
lauf ich schnell zum Teller hin.

5. Nikolaus ist ein guter Mann,
dem man nicht genug danken kann.

TEXT UND MELODIE: VOLKSGUT

LIEBER, GUTER NIKOLAUS,

du gehst bald
von Haus zu Haus
und trägst viele
schöne Sachen,
die den Kindern
Freude machen.
Komm auch in
den Kindergarten,
wo so viele
Kinder warten.
Wir laden dich
von Herzen ein,
bei unserm Fest
dabei zu sein.
Glaube uns,
du wirst es sehn,
das Fest wird
dann noch
mal so schön!

MARGRIT M. BOOS

Der heilige Nikolaus

Um das Jahr 300 wurde Nikolaus in Myra in der heutigen Türkei zum Bischof geweiht. Viele Legenden erzählen von seiner Güte und seiner Mitmenschlichkeit.

Er kümmerte sich um Arme und Waisen und gab ihnen ein Zuhause. Großzügig half er, wenn Menschen in Not geraten waren, um Armut und Krankheit abzuwenden. Gerne blieb er dabei unerkannt. Er war und ist ein Wegweiser zu Jesus Christus und zeigt, wie man die Welt aus dem Glauben gestalten kann.

Wie Nikolaus zu schenken – heimlich, im Verborgenen –, ist bis heute beliebt bei Groß und Klein. Am 6. Dezember, dem Namenstag des heiligen Nikolaus, werden dazu Stiefel oder ein Teller vor die Tür gestellt. Der heilige Nikolaus ist der Schutzpatron der Kinder, Schüler und Schiffsleute.

Als Gabenbringer ist Sankt Nikolaus seit 1555 belegt. Ab dem 17. Jahrhundert bekam der Nikolaus einen Begleiter (Knecht Ruprecht oder Krampus), der die Kinder beschenkte oder auch tadelte. Der heilige Nikolaus kann Große und Kleine anregen, auf die Not der Mitmenschen zu reagieren. Vielleicht auch nur mit kleinen Gesten, mit Aufmerksamkeit und Zuwendung im Einsatz für Bedürftige. Viele weitere Informationen zum heiligen Nikolaus gibt es auf:

www.nikolaus-von-myra.de

Was trägt Bischof Nikolaus?

MITRA
Die Mitra ist die Kopfbedeckung der Bischöfe in festlichen Gottesdiensten. Die Spitze zeigt wie ein Pfeil in den Himmel und verweist so auf Gott.

BRUSTKREUZ
Das Brustkreuz wird vom Bischof an einer Kette um den Hals getragen. Das Kreuz erinnert daran, dass Jesus Christus gestorben und nach drei Tagen von den Toten auferstanden ist.

RING
Der Bischof trägt einen Ring als Zeichen der Liebe und Treue zu Jesus und zur Kirche, ähnlich wie Eheleute einen Ring als Zeichen ihrer Verbundenheit tragen.

ALBE
Die Albe ist das weiße Untergewand des Bischofs. Ihren Namen hat sie aus dem Lateinischen, denn „alba“ bedeutet übersetzt „weiß“. Die Albe ähnelt dem weißen Kleid, das Täuflinge bei der Taufe anziehen.

STAB
Der Stab mit der Krümme erinnert an einen Hirtenstab. Wie ein Hirte seine Herde mit dem Stab zusammenhält, so soll auch der Bischof sich um die Gläubigen kümmern.

HERZ
Nikolaus hat ein Herz für die Kinder und für alle Menschen, die Hilfe benötigen. Durch sein Handeln zeigt er, was Nächstenliebe, Hilfsbereitschaft und Respekt bedeuten. Ein echt gutes Vorbild!

STOLA
Die Stola ist ein etwa 2,5 Meter langer Stoffstreifen, den Priester und Bischöfe als Zeichen ihres Amtes tragen.

CHORMANTEL
Der Chormantel wird über der Albe getragen. Ihn gibt es in allen liturgischen Farben.

Besuch vom Nikolaus

Viele Legenden erzählen davon, wie sehr sich Nikolaus für Kinder eingesetzt hat. Daher kommt der Brauch, die Kinder am Nikolaustag zu beschenken. Im Mittelalter war der 6. Dezember der „Geschenketag" – und nicht der Weihnachtstag. Ab dem 16. Jahrhundert hat es sich in Deutschland allmählich durchgesetzt, die Kinder am Weihnachtsfest zu beschenken.

In den vergangenen Jahrhunderten wurde aus dem Nikolausfest zunehmend ein Tag, an dem ein als heiliger Nikolaus einkehrender Erwachsener die Kinder streng nach ihrem Glaubenswissen fragte. Die Kinder, die fleißig gelernt hatten, bekamen eine Belohnung, die „Faulen" hingegen eine Strafpredigt oder sogar Hiebe mit der Rute – oft von seinem finsteren Begleiter Knecht Ruprecht. Der Besuch des Nikolaus war für die Kinder also weniger Anlass zur Freude als ein Ereignis, vor dem sie sich fürchteten.

Der Brauch des Nikolausbesuchs ist auch heute noch beliebt. Dabei sollte allerdings darauf geachtet werden, dass vor allem die Güte des heiligen Nikolaus für die Kinder erlebbar wird. Um erst gar keine Angst vor ihm aufkommen zu lassen, empfiehlt es sich, dass eine den Kindern bekannte Person den Nikolaus spielt. Gerade bei jüngeren Kindern kann es sogar sinnvoll sein, dass diese Person sich vor ihren Augen als Nikolaus verkleidet. Statt aus einem dicken Buch allwissend die guten und die schlechten Taten der Kinder vorzulesen, sollte der Nikolaus das Gespräch mit den Kindern suchen. Er könnte die Kinder fragen, was sie über den Nikolaus und seine guten Taten wissen, und sich berichten lassen, in welcher Weise die Kinder selbst schon gute Taten vollbracht haben. Auch können Gedichte aufgesagt und gemeinsam Nikolauslieder gesungen werden. Auf Knecht Ruprecht als Begleiter sollte in jedem Fall verzichtet werden.

Klassisches Ablaufschema eines Nikolausbesuches

- ✔ Einzug und Begrüßung des Nikolaus und seiner Gefährten
- ✔ Sankt Nikolaus nimmt mit den Kindern Kontakt auf
- ✔ Kinder begrüßen und beschenken Nikolaus mit einem Lied/Spiel
- ✔ Legendenerzählung (durch Nikolaus, Erwachsenen oder Kinder)
- ✔ Gespräch mit Kindern über Legende durch Impulse und Nachfragen (Aussage der Legende wird mit Leben der Kinder verknüpft)
- ✔ Nikolaus beschenkt die Kinder (Namen werden genannt)
- ✔ Kinder bedanken sich mit einem Gedicht/Lied
- ✔ Nikolaus verabschiedet sich mit einem Gedicht und/oder der Wiederholung des zentralen Gedankens seiner „Katechese“ zur Legende

Glöckchen klingt von Haus zu Haus,
heute kommt St. Nikolaus!
Kommt durch Schnee, kommt durch Wind,
kommt zu jedem braven Kind.

ÜBERLIEFERT

Weihnachtsmannfreie Zone

Hannah und Lars sind in der zweiten Klasse und spielen oft miteinander. Eines Tages, kurz vor dem ersten Advent, sagt Lars zu Hannah: „Du, Hannah, morgen gehe ich mit meiner Oma auf den Weihnachtsmarkt. Wenn du Lust hast, dann komm doch mit!" – „Na ja, da muss ich erst meine Eltern fragen."

Hannah geht nach Hause und fragt ihre Mutter: „Darf ich morgen mit Lars zum Weihnachtsmarkt?" – „ Ihr zwei allein?", fragt Hannahs Mutter. „Nein, die Oma von Lars geht doch auch mit." – „Na gut, dann sieh mal nach, ob du noch etwas Taschengeld hast! Aber gib nicht alles für überflüssige Sachen aus!" Am nächsten Tag gibt ihr die Mutter noch 5 Euro zum Taschengeld dazu.

Lars, seine Oma und Hannah fahren mit dem Bus in die Stadt. Als sie am Weihnachtsmarkt ankommen, bleiben die Kinder erstaunt stehen: Da ist ein Glitzern und Flittern und Weihnachtslieder tönen aus den Lautsprechern. Bei den vielen aufgebauten Buden und Ständen wissen sie gar nicht, wohin sie zuerst schauen sollen.

„Hannah, sieh mal, da ist der Weihnachtsmann!" Lars ist ganz aufgeregt. Und richtig, da sitzt ein Weihnachtsmann mit rotem Mantel und roter Zipfelmütze und nickt allen freundlich zu. Manche Kinder nimmt er auf den Schoß und die Eltern machen Fotos von ihnen. Mit tiefer Stimme ruft er: „Hohoho, seid ihr auch alle brav?" Hannah fürchtet sich etwas vor diesem Weihnachtsmann und sagt zu Lars:

„Komm, lass uns hier weggehen. Der macht mir Angst!" – „Aber vor dem brauchst du doch keine Angst zu haben! Der bringt dir doch Weihnachten die Geschenke!" – „Stimmt nicht", sagt Hannah, „bei uns zu Hause bringt das Christkind die Geschenke!" – „Gar nicht wahr", meint Lars, „es ist der Weihnachtsmann!" – „Welcher denn?", fragt Hannah. –

„Wieso welcher denn? Es gibt doch nur einen!“ – „Nein, sieh mal, da kommt der Zweite“, sagt Hannah und zeigt mit dem Finger auf einen Weihnachtsmann, der gerade den Weg zwischen den Buden entlangläuft. Lars’ Augen werden groß. Welcher Weihnachtsmann ist denn nun der richtige?

Auf ihrem Weg über den Weihnachtsmarkt begegnen ihnen noch drei andere Weihnachtsmänner. Und Lars ist sich sicher: Hier stimmt etwas nicht! Hannah meint: „Wir können doch mal deine Oma fragen. Die weiß über Weihnachten bestimmt gut Bescheid.“

Die Oma schaut die Kinder an und sagt: „Ja, seht ihr, der Weihnachtsmann, das ist so eine Erfindung der Geschäftsleute, die die Menschen zum Kaufen vieler Sachen bringen wollen. In den Kostümen stecken Männer – und manchmal auch Frauen – , die dafür bezahlt werden, dass sie Werbung machen. Der richtige Mann, der den Menschen Geschenke gemacht hat, der heißt Nikolaus. Er war ein Bischof und hat den armen Leuten geholfen, wo er nur konnte. Er hatte ein gutes Herz. Und wenn wir einander am Nikolaustag oder auch an Weihnachten etwas schenken, dann tun wir das, weil er uns das vorgemacht hat.

Manchmal kommt ja auch zu euch der Nikolaus. Erinnert ihr euch an den Kindergarten? Da hat auch jemand den Nikolaus dargestellt als Bischof, denn der echte Bischof Nikolaus ist schon lange gestorben und wohnt jetzt bei Gott im Himmel. Er war ein heiliger Mann, dem wir nacheifern sollen.“

Auf der Rückfahrt erzählt die Oma ihnen viele Geschichten vom heiligen Nikolaus: wie er armen Mädchen Gold schenkte, damit sie heiraten konnten, wie er dafür sorgte, dass die Menschen

Guter Gott,

wir danken dir für den heiligen Nikolaus. Er hat viel Gutes in seinem Leben getan. Immer hat er den Menschen geholfen, die in Not waren. Und er hat ihnen von deiner Liebe zu allen Menschen erzählt. Hilf uns, wie Nikolaus zu sein und da, wo wir leben, Orte guter Taten zu schaffen. Dann wird die Welt um uns herum ein wenig friedlicher und freundlicher. Amen.

in seiner Stadt Korn bekamen und nicht verhungern mussten, oder wie er einem Kaufmann half, dass aus seinem Herzen aus Stein ein gutes Herz wurde, das auch an andere Menschen dachte. Leise flüstert Hannah Lars ins Ohr: „Der Nikolaus, der war ein richtig guter Mann."

Am nächsten Tag erzählen die beiden in der Schule von ihrem Erlebnis mit den Weihnachtsmännern und von dem, was die Oma von Lars über den Bischof Nikolaus wusste. Die Lehrerin gibt der Oma Recht und sagt: „Also, wenn wir in der nächsten Woche unseren Adventsbasar machen, dann wollen wir da keine Weihnachtsmänner sehen, oder?" Alle haben verstanden, um was es geht, und rufen wie aus einem Mund: „Nein, nie im Leben!"

Und Lars sagt: „Ich werde ein Weihnachtsmann-Verbotsschild malen. Das können wir dann aufhängen." Die Lehrerin findet, dass das eine sehr gute Idee ist. Am Nachmittag zeichnet Lars ein großes Parkverbotsschild mit einem Weihnachtsmann in der Mitte. Ein großer Balken verläuft quer über ihn. Und Hannah hilft ihm beim Buntmalen.

Woher kommt der Nikolausstiefel?

Der Brauch des Nikolausstiefels ist schon sehr alt! Er geht auf eine alte Legende zurück: Nikolaus soll drei junge Frauen vor einem Leben auf der Straße bewahrt haben, indem er ihnen jeweils einen Goldklumpen durch das Fenster warf.

Später haben es die Erwachsenen in Erinnerung an den heiligen Nikolaus genauso gemacht: Sie warfen Kindern kleine Geschenke zu. Schnell wurde aber klar, dass dann meistens nur die größten Kinder die Geschenke fingen und die kleinen Kinder leer ausgingen. Also suchte man etwas, mit dem man die Geschenke einfach überreichen konnte. Im Mittelalter gab es oft nur wenige Töpfe und Becher und diese waren meistens im Gebrauch. Also fiel die Wahl auf die Schuhe und Strümpfe der Kinder. Aus dem Werfen der Geschenke hat sich somit der Brauch des Einlegens der Geschenke in Schuhe und Strümpfe entwickelt. Wenn am Nikolaustag viele reichlich gefüllte Schuhe und Strümpfe zu sehen sind, dann erinnern sie an die Freundlichkeit und Nächstenliebe von Bischof Nikolaus.

TAT.ORT. NIKOLAUS

Gutes tun, so wie es Nikolaus schon getan hat, dazu ruft die Aktion „Tat.Ort. Nikolaus“ in der Weihnachtsmannfreien Zone des Bonifatiuswerkes auf. Nächstenliebe, Hilfsbereitschaft und Respekt: Der heilige Nikolaus steht als Symbol für die Vermittlung christlicher Werte und ist somit auch heute noch ein echt gutes Vorbild für ein christliches Handeln in unserer Zeit. www.weihnachtsmannfreie-zone.de

Sei gegrüßt, lieber Nikolaus

2. Der Nikolaus ist hier.
„Hat jemand Angst vor mir?“
Wir rufen ganz laut „Nein!“
„Dann komm ich gern herein!“

3. Du bist ein lieber Mann!
Das sieht dir jeder an!
Siehst wie ein Bischof aus!
Wie Bischof Nikolaus!

4. Der Bischof Nikolaus
ging einst von Haus zu Haus.
Da warn die Kinder froh.
Und das ist heut noch so!

5. Der Bischof Nikolaus
teilt einst die Gaben aus.
Du machst es ebenso.
Drum sind wir Kinder froh.

6. Musst du dann weitergehn
und sagst: „Auf Wiedersehn!“,
gehen wir mit bis zur Tür
und alle winken dir.

AUS „DETLEV JÖCKERS 40 SCHÖNSTE ADVENTS- UND WEIHNACHTSLIEDER“
TEXT: ROLF KRENZER | MUSIK: DETLEV JÖCKER

Kleine Nikolaushäuschen

Das wird gebraucht:

3 Spekulatius (oder Butterkekse), Gummibärchen, Bunte Streusel, Schokolinsen, 1 Dominostein, 1 EL Zitronensaft, 120 g Puderzucker

So wird es gemacht:

Rühre aus dem Puderzucker und dem Zitronensaft einen Zuckerguss an. Achte darauf, dass der Guss nicht zu flüssig ist. Dann nimmst du einen Spekulatius als Boden. Darauf klebst du mit dem Zuckerguss den Dominostein. Die anderen beiden Spekulatius werden an den Seiten mit Guss bestrichen und schräg als Dach zusammengeklebt. Der Zuckerguss darf ruhig auch über das Dach laufen, das sieht besonders schön aus. Mit den Schokolinsen, Gummibärchen und Streuseln kannst du dein Knusperhäuschen jetzt noch verzieren.

Kannst du reimen?

Heute Nacht kann ich
gar nicht schlafen,
dunkel ist die Welt.
Nikolaus, mit deinem Schlitten
fährst du übers (Feld).

Kling, kling, kling,
ich hör ein Glöckchen,
wie das silbrig klingt!
Ob der gute Nikolaus
jetzt vom Schlitten (springt)?

Tapp, tapp, tapp,
sind das nicht Schritte?
Wer tappt da ums Haus?
Sind im Schnee nicht Stiefelspuren
von Sankt (Nikolaus)?

Ich geh lieber nicht ans Fenster,
tu, als ob ich schlaf.
Hab im Arm den dicken Teddy
und mein Schmuse-(Schaf).

Aber morgen, wenn die Sonne
hell ins Fenster lacht,
guck ich, was der Nikolaus
mir heut Nacht (gebracht).

BARBARA CRATZIUS

Kerzen in Nussschalen

Material

Walnussschalen, Wachsreste, Kerzendocht, Topf zum Erhitzen, Schere, Schüssel mit Wasser

So geht's

Die Walnüsse werden vorsichtig geknackt, sodass die Schalenhälften heil bleiben. Dann werden die Wachsreste langsam in einem Topf erhitzt, bis sie flüssig sind. Schneide den Docht länger, als er später benötigt wird, es ist einfacher, ihn nachträglich zu kürzen. Der Docht wird in die Mitte der Nussschale gehalten und die Schale dann mit Wachs aufgefüllt.

Wenn das Wachs abgekühlt und fest geworden ist, wird der Docht gekürzt und die Kerze kann angezündet werden. Achtung, die Nussschalen können auch brennen! Sie können aber zur Sicherheit in einer Schüssel mit Wasser schwimmen. Das sieht auch noch toll aus.

Ein schönes Fest

Jesus, der heilige Nikolaus hat dich sehr lieb gehabt. Er wollte wie du für andere Menschen da sein. Er war hilfsbereit und freundlich. Die Kinder waren seine ganz besonderen Freunde. Jesus, heute (morgen …) feiern wir den Namenstag des heiligen Nikolaus. Das wird ein schönes Fest. NN. spielt den Nikolaus und will uns mit kleinen Gaben überraschen. Wir freuen uns schon darauf. Hilf, dass wir vie Spaß und Freude haben. Amen.

MARGIT M. BOOS

Vom Schenken und Teilen

Nikolaus hilft armen Menschen

In Myra lebte ein reicher Kaufmann. Eines Tages starb seine Frau und er blieb mit seinen drei Töchtern allein zurück. Vor Trauer konnte er nicht mehr arbeiten. Beim Glücksspiel verlor er sein ganzes Geld und machte viele Schulden. „Nun kann ich meinen Kindern keine Aussteuer mehr kaufen. Und ein armes Mädchen wird keiner heiraten wollen!“, dachte er voller Verzweiflung.

Bischof Nikolaus hörte von dem Unglück des Mannes. Er wollte ihm helfen, doch dabei nicht erkannt werden. Als es dunkel wurde, band er drei Klumpen Gold zusammen und schlich zum Haus des Kaufmannes. Alle Türen waren verschlossen. Da öffnete er vorsichtig ein Fenster und warf das Bündel mit dem Gold in das Zimmer der Mädchen. Leise wollte er davongehen.

Doch der Kaufmann lief dem gütigen Spender nach und warf sich Nikolaus zu Füßen. „Habt Dank!“, rief er. „Ihr habt mir in großer Not geholfen.“ Der Bischof aber antwortete: „Danke nicht mir, sondern Gott und führe fortan ein besseres Leben.“ Das tat der Kaufmann. Er konnte seine Schulden bezahlen und seine Töchter feierten schon bald fröhlich Hochzeit.

NACH EINER LEGENDE

Szenisches Spiel zur Legende

Während die Geschichte von den drei Mädchen vorgelesen wird, spielen die Kinder die Geschichte nach. Sie werden mit Tüchern verkleidet.

Nikolaus bekommt einen roten Umhang, der Mann und die Mädchen dunklere Tücher. Das Haus bzw. die Zimmer werden von Kindern mit drei Tüchern dargestellt: Jedes Kind fasst ein Tuch an der schmalen Seite mit zwei Händen und lässt es vor sich herunterhängen. Das dritte Tuch wird zwischen die beiden Kinder gespannt, die die gegenüberliegenden Ecken zu ihren beiden anderen Tuchenden halten.

Für die Säcke mit Goldstücken werden gelbe Tücher zu großen Knoten verarbeitet.

Heiliger Nikolaus

Nikolaus ist neben dem heiligen Martin, der heiligen Elisabeth und dem heiligen Franziskus einer der bekanntesten Heiligen. Heilige sind Menschen, die in der Kirche besonders verehrt werden. Sie haben in ihrem Leben auf vielfältige Weise die Liebe Gottes für die Menschen sichtbar gemacht – zum Beispiel durch ihre große Nächstenliebe und Hilfsbereitschaft. Der kirchliche Gedenktag für den heiligen Nikolaus ist der 6. Dezember.

ERZÄHLHILFE:

Goldkugeln in der Hand oder / und Bild der Erzählung

IMPULSFRAGEN:

- ✔ „Der Vater hatte eine große Not, erinnert ihr Euch? Erzählt!“
- ✔ „Wie mögen sich die drei Mädchen gefühlt haben? Ob sie Angst hatten, wovor?“
- ✔ „Da gibt es sicher einen guten Grund, warum der noch junge Nikolaus geholfen hat…“
- ✔ „Was meint ihr, warum Nikolaus ‚heimlich‘ geholfen hat?“ „Können wir jemandem ‚heimlich‘ helfen?

Wo euer Schatz ist, da ist auch euer Herz

Jesus erzählte den Leuten vom Reich Gottes, in dem alle Menschen froh sein dürfen. Er sagte: Ihr braucht keine Angst zu haben, denn im Reich Gottes wird niemand mehr weinen und traurig sein.

Ihr könnt selbst mithelfen, damit es schon jetzt weiter wächst: Verkauft alles, was in eurem Leben überflüssig ist. Schenkt das Geld den Armen, damit auch sie froh und zufrieden leben können. Sammelt euch Schätze im Himmel und nicht auf der Erde. Denn wo euer Schatz ist, da ist auch euer Herz.

NACH LUKAS 12,33–34

Lieber Gott,

du willst, dass alle Menschen froh sind und sich bei dir geborgen fühlen. Du beschützt uns und bist immer für uns da. Wenn ich daran denke, macht mein Herz einen kleinen Hüpfer. Danke, lieber Gott! Amen.

Die Sache mit dem Schenken

Eines Adventstages findet Max ein Päckchen, auf dem „FÜR MAX“ steht, vor der Tür. Eine CD ist drin mit einem Hörspiel. Max ist ganz aufgeregt. Er wundert sich. Von wem mag dieses Geschenk sein? Und warum legt dieser unbekannte Gabenspender es ihm klammheimlich vor die Tür?

„Schade“, sagt er später zu Jan. „Es wäre noch schöner, wenn ich wüsste, wer mir das Päckchen vor die Tür gelegt hat.“

Jan aber schüttelt den Kopf. „Ich finde es spannend! Außerdem, sagt meine Mama, ist die Adventszeit eine Geheimniskrämerzeit.“

Stimmt. Geheimniskrämereien mag Max auch gerne. Trotzdem ist er sehr neugierig.

„Nicht mal ‚danke‘ kann ich sagen“, knurrt er.

„Weihnachtswichtel brauchen kein ‚Danke‘“, meint Jan.

So recht glauben kann Max seinem Freund dies nicht. Und überhaupt: Warum grinst Jan so komisch? Ob er ihm etwa als Weihnachtswichtel die CD geschenkt hat? Den ganzen Tag grübelt Max darüber nach. Dann hat er eine Idee.

„Morgen“, nimmt er sich vor, „lege ich ein Päckchen vor Jans Haustür. Dann kann der sich mal den Kopf über sein Geschenk zerbrechen. Der wird es nie raten!“ Voll Vorfreude sieht Max das ratlose Gesicht seines Freundes vor sich, und er hat ein kribbelschönes Gefühl dabei.

„Komisch“, murmelt er. „Heimlich schenken macht fast noch mehr Spaß, als selbst etwas geschenkt zu bekommen. Dazu braucht man gar kein ‚Dankeschön‘.“

ELKE BRÄUNLING

Das war bestimmt der Nikolaus

2. Drei schöne Töchter hatt' der Mann.
Und wer sie sah, der sagte dann:
„Verkaufe deine Töchter,
dann hast du Geld im Nu!
||: Und gibst du dann das Geld zurück,
lässt man dich auch in Ruh!“ :||

3. Wie weinten sie in ihrer Not!
Sie weinten sich die Augen rot
und wollten lieber sterben.
Der arme Mann sagt: Nein!
||: Dann sperrt mich lieber lebenslang
für meine Schulden ein!“ :||

4. Doch in der Nacht ist was geschehn.
Am Morgen konnt’ es jeder sehn:
Es wurde durch das Fenster
ein Apfel nachts gerollt.
||: Ein dicker, runder Apfel war’s,
der war aus purem Gold. :||

5. Da schallt’ es fröhlich durch das Haus:
„Das war bestimmt Sankt Nikolaus!“
Und alle seine Schulden
hat gleich der Mann bezahlt.
||: Er dankt’ von Herzen Gott dafür
und hat vor Glück gestrahlt. :||

6. Noch immer geht Sankt Nikolaus
von Tür zu Tür, von Haus zu Haus.
Und kommt er heute wieder
zu dir und mir nach Haus,
||: dann öffnen wir ihm froh die Tür:
Willkommen, Nikolaus!“ :||

TEXT: ROLF KRENZER | MELODIE: MARTIN GÖTH

APFELPUNSCH

1 l naturtrüben Apfelsaft, den Saft von 6 Orangen, 2 Sternanis, 1 Stange Zimt, 3 Nelken und 2 EL Honig zusammen im Topf erhitzen (nicht kochen) und den Punsch warm servieren.

Bratäpfel backen

Das wird gebraucht:

4 große Äpfel, 1 Teelöffel Butter, 4 Teelöffel Johannisbeermarmelade, 8 Stücke Würfelzucker, 1 Esslöffel Rosinen

So wird es gemacht:

Eine feuerfeste Form mit der Butter einfetten. Die Äpfel waschen und mit einem Ausstecher das Kerngehäuse entfernen. In jeden Apfel ein Stück Würfelzucker, etwas Marmelade und einige Rosinen stecken. Zum Abschluss ein zweites Stück Würfelzucker oben draufsetzen. Die Äpfel in der Form bei 200 Grad circa 40 Minuten backen. Wer mag, kann Vanillesoße oder Vanilleeis dazu servieren.

ÄPFEL

Äpfel sind das typische Obst des heiligen Nikolaus, das man den Kindern gern in den Nikolausstiefel steckt oder auf den bunten Teller legt. Äpfel symbolisieren die Goldklumpen in der Legende von den drei Mädchen. Der Apfel war früher aber auch ein Zeichen für Wohlstand. So gab es den Brauch, am Heiligabend einen Apfel zu essen, um im darauffolgenden Jahr vor Armut geschützt zu sein.

Niklaus, komm zu uns herein

Niklaus, komm zu uns herein,
sollst uns sehr willkommen sein.
Sieh, bei uns, da brennt noch Licht,
Nikolaus, vergiss uns nicht.

Du halfst Menschen in der Not,
gabst das Korn, das Mehl, das Brot,
halfst den Schiffern in der Flut,
Niklaus, du bist lieb und gut.

Niklaus, komm, wir warten sehr,
deine Hände sind nicht leer.
Komm zu uns auch dieses Jahr,
reich uns deine Gaben dar.

BARBARA CRATZIUS

Tipp: Der Text kann zur Melodie von „Lasst uns froh und munter sein“ (siehe S. 5) auch gesungen werden.

Guter Gott,

nicht nur am Nikolaustag, auch an vielen anderen Tagen im Advent essen wir viele Leckereien: Plätzchen und Stollen, Weckmänner und Lebkuchen, Schokolade und Bratäpfel. Danke, dass unser Tisch immer so reich gedeckt ist. Amen.

Die Geschichte vom beschenkten Nikolaus

Einmal kam der heilige Nikolaus am 6. Dezember zum kleinen Klaus. Er fragte ihn: „Bist du im letzten Jahr auch brav gewesen?“ Klaus antwortete: „Ja, fast immer.“ Der Nikolaus sagte: „Kannst du mir auch ein schönes Gedicht aufsagen?“ „Ja“, sagte Klaus.

„Lieber, guter Nikolaus,
du bist jetzt bei mir zu Haus,
bitte leer die Taschen aus,
dann lass ich dich wieder raus.“

Der Nikolaus sagte: „Das hast du schön gemacht.“ Er schenkte dem Klaus Äpfel, Nüsse, Mandarinen und Plätzchen. „Danke“, sagte Klaus. „Auf Wiedersehen“, sagte der Nikolaus. Er drehte sich um und wollte gehen. „Halt“, rief Klaus. Der Nikolaus schaute sich erstaunt um: „Was ist?“, fragte er. Da sagte Klaus: „Und was ist mit dir? Warst du im letzten Jahr auch brav?“ – „So ziemlich“, antwortete der Nikolaus. Da fragte Klaus: „Kannst du mir auch ein schönes Gedicht aufsagen?“ „Ja“, sagte der Nikolaus.

„Liebes, gutes, braves Kind,
draußen geht ein kalter Wind,
koch mir einen Tee geschwind,
dass ich gut nach Hause find.“

„Wird gemacht", sagte Klaus. Er kochte dem Nikolaus einen heißen Tee. Der Nikolaus schlürfte ihn und aß dazu Plätzchen. Da wurde ihm schön warm. Als er fertig war, stand er auf und ging zur Türe. „Danke für den Tee", sagte er freundlich. „Bitte, gerne geschehen", sagte Klaus. „Und komm auch nächstes Jahr vorbei, dann beschenken wir uns wieder." „Natürlich, kleiner Nikolaus", sagte der große Nikolaus und ging hinaus in die kalte Nacht.

ALFONS SCHWEIGGERT

Nikolaus packt seinen Sack

Angelehnt an das altbekannte Spiel „Ich packe meinen Koffer", beginnt das erste Kind: „Nikolaus packt seinen Sack und legt einen Apfel hinein." Das zweite Kind wiederholt den Satz und fügt einen zweiten Gegenstand hinzu, zum Beispiel eine Puppe. Danach ist das dritte Kind an der Reihe, wiederholt den Satz mit den beiden bereits genannten Dingen und fügt eine dritte Sache hinzu.

Bei manchen Gegenständen kann man auch noch eine Geste oder ein Geräusch ergänzen, das dann immer mit wiederholt werden muss. So wird z. B. bei einer Trommel auf den Tisch geklopft.

Das Spiel endet, wenn sich ein Spieler beim Wiederholen der Gegenstände vertut.

Gott,

alles Gute kommt
von dir. Steh uns bei
in Not und Gefahr.
Gib uns ein gutes Herz,
dass wir helfen,
wie der heilige Nikolaus
geholfen hat.
Darum bitten wir
durch Christus,
unseren Herrn.
Amen.

Alle werden satt

Rettung aus Hungersnot

ERZÄHLHILFE:

Weizenähren, Körner, Mehl oder / und Bild der Erzählung

IMPULSFRAGEN:

- ✔ „Welche Gedanken den Leuten in Myra wohl durch den Kopf gingen als das Korn zu Ende ging?"
- ✔ „Wozu braucht man eigentlich Korn?"
- ✔ „Was ist eigentlich so wunderbar an der Geschichte?"
- ✔ „Wer vertraut in dieser Geschichte wem und warum?"
- ✔ „Kennt ihr Situationen, in denen man Mut braucht, um Gutes zu tun?"

Als Bischof von Myra sorgte sich Nikolaus um die Menschen in seiner Stadt und ihrer Umgebung. Er verkündete nicht nur die Frohe Botschaft von Jesus, sondern er half den Menschen, wo er nur konnte.

Aber es kam eine Zeit, da schien alles umsonst. Es war eine große Hungersnot über das Land gekommen. Die Ernte war durch Unwetter zerstört, die Scheunen waren leer, die Menschen hatten nichts mehr zu essen. Sie starben. Zuerst die kleinen Kinder und die alten und schwachen Menschen. Bischof Nikolaus tröstete, so gut er konnte, und teilte mit den Leuten, was er selbst hatte. Er betete zu Gott, dass er Rettung schicken möge. Eines Tages kamen die Menschen an sein Haus und riefen: „Es kommen große Schiffe! Sie sind voll beladen mit Korn. Sie gehören dem Kaiser!" Alle liefen zum Hafen. Die Schiffe bedeuteten Hoffnung. Als die Seeleute die Anker warfen, ließ Bischof Nikolaus sich zum Schiff rudern. „Ihr könnt den Menschen hier helfen, wenn ihr uns von eurem Korn etwas abgebt!", sagte er. „Das geht nicht", sagte der Kapitän, „das Korn gehört dem Kaiser und wir müssen genauso viel abgeben, wie wir aufgeladen haben!" Bischof Nikolaus antwortete: „Im Namen Gottes und seines Sohnes Jesus Christus, ich sage dir: Wenn du mit deinem Korn die Menschen dieser Gegend rettest, wird dir an deiner Ladung nicht ein Korn fehlen!" Der Kapitän meinte:

„Gut, das können wir probieren." Er machte außen an seinem Schiff einen dicken weißen Strich, da, wo es das Wasser berührte. „Ihr könnt so viel Korn abladen, wie ihr wollt, solange das Schiff nicht leichter wird und sich aus dem Wasser hebt." Die Menschen von Myra kamen nun mit allen Säcken und Körben, die sie auftreiben konnten, und luden Korn ab, um es in die Speicher zu bringen. Das Schiff aber wurde nicht leichter, dem Kapitän fehlte kein Korn, so wie der Bischof Nikolaus es vorher gesagt hatte. Die Menschen von Myra aber waren gerettet und dankten ihrem Bischof, der mit ihnen gemeinsam Gott dankte.

Das Korn wurde gerecht verteilt, sodass alle Menschen leben konnten und sie auch noch genug Saatgut für die kommenden Jahre hatten.

NACH EINER LEGENDE

DIE WUNDERSAME BROTVERMEHRUNG

Die Legende hat deutliche Bezüge zur Geschichte der wundersamen Brotvermehrung, die sich im Markusevangelium findet (Markus 6,30–44). Jesus gelingt es, mit fünf Broten und zwei Fischen 5 000 Menschen satt zu machen.

Es fährt ein Schiff nach Myra

2. Das Schiff ist voll beladen, beladen, beladen
mit frischem Korn für Brot. Ach, helft uns in der Not!

3. Die Schiffer wollen leider gleich weiter, gleich weiter.
Das Korn ist längst bestellt und jeder Sack gezählt.

4. „Gott hilft euch und den Armen, den Armen, den Armen!",
sagt Bischof Nikolaus. „Drum teilt hier alles aus!

5. Kommt ihr nach dieser Pause nach Hause, nach Hause,
seht ihr, dass keiner fehlt, wenn ihr die Säcke zählt."

6. Sie teilen das Getreide, Getreide, Getreide
nun an die Armen aus. Und es wird Brot daraus.

7. Als weiter sie gefahren, gefahren, gefahren,
fuhr schnell das Schiff daher, denn es war leicht und leer.

8. Doch als sie heimgekommen, gekommen, gekommen,
wie man's auch wiegt und zählt, da hat kein Korn gefehlt!

9. Sagt, ist das nicht ein Wunder, ein Wunder, ein Wunder,
als Nikolaus fürwahr in Myra Bischof war?

TEXT: ROLF KRENZER | MELODIE: MARTIN GÖTH

Kornschiff

Ein DIN-A4-Blatt in der Mitte knicken. Die beiden Enden der Falz zur Blattmitte zusammenführen und die entstehenden Kanten knicken, sodass ein breiter Streifen stehen bleibt. Die obere und die untere Schicht des Streifens jeweils nach außen knicken und die vier überstehenden Ecken einzeln um die rechte bzw. linke Kante falten. Das nun vorliegende Dreieck von unten öffnen (dafür die beiden Enden der langen Seite zusammendrücken und aufeinanderlegen), sodass ein Quadrat entsteht. Nun die beiden lose aufeinanderliegenden Ecken jeweils nach außen klappen, sodass wieder ein Dreieck entsteht. Wiederum von der Mitte der langen Seite ausgehend ein Quadrat falten. Nun an der Ecke, die den beiden lose aufeinanderliegenden Ecken gegenüberliegt, die rechts und links überlappenden Zipfel auseinanderziehen. Körner in das Schiff hineinfüllen. Das Schiff als Erinnerung an die Kornschifflegende auf ein blaues Tuch stellen.

SCHIFFCHEN-SETZEN

„Schiffchensetzen" wurde mindestens seit dem 15. Jahrhundert der Brauch genannt, bei dem aus Papier „Nikolaus-Schiffchen" gebastelt wurden. In diese sollte der heilige Nikolaus seine Gaben legen. Der heilige Nikolaus gilt als Patron der Seefahrer. Dies könnte der Hintergrund für diesen Brauch sein. Es erinnert aber auch an die Kirche, die wie ein Schiff auf dem Meer der Zeit mit dem Ziel Himmel unterwegs ist. Später wurden die Nikolaus-Schiffchen durch den Stiefel oder Gabenteller abgelöst.

Andacht am Nikolaustag

Eingangslied:
Sei gegrüßt, lieber Nikolaus, 1. Strophe (s. S. 14)

Begrüßung:
Heute feiern wir den Namenstag des heiligen Nikolaus, der ein großer Bischof war. Er hat den Menschen von Gott erzählt, von Gottes Liebe und Güte, und er war selbst so hilfsbereit zu den Leuten, dass man heute noch von ihm spricht. Wir wollen in dieser Andacht an ihn erinnern.

Tagesgebet:
Lieber Gott, heute denken wir an den heiligen Nikolaus. Er hatte mit den armen und hungrigen Menschen Mitleid. Er hat ihnen gegeben, was sie zum Leben brauchten. Noch heute erinnern wir uns gern daran, wie gut Nikolaus zu den Menschen war. Amen.

Ein Erwachsener erzählt die Legende von der Hungersnot (s. S. 28) möglichst frei nach. Mit einer entsprechenden Vorbereitung kann die Erzählung auch von den Kindern mithilfe einiger Requisiten pantomimisch begleitet werden.

Lied:
Es fährt ein Schiff nach Myra (s. S. 30)

Fürbitten:
Lieber Gott, wir bringen unsere Bitten vor dich:

Nikolaus hat Menschen geholfen, die in Not waren. Mache auch uns dafür aufmerksam, wenn andere unsere Hilfe brauchen.

Nikolaus war großzügig. Er hat mit anderen geteilt, was er hatte.
Gib auch uns die Bereitschaft zu teilen, was wir haben.

Nikolaus hat mit dem Kapitän geduldig verhandelt, statt sich das Getreide mit Gewalt zu nehmen. Lass auch uns versuchen, unsere Ziele immer friedlich zu erreichen.

Nikolaus hat auf deine Hilfe vertraut. Lass auch uns immer darauf vertrauen, dass du an unserer Seite bist.

Das alles wollen wir uns in der Adventszeit vornehmen. Dann können wir fröhlich Weihnachten feiern, wenn andere mit uns glücklich sind. Amen.

Vaterunser

Schlussgebet:
Lieber Gott, uns geht es gut. Wir haben genug zu essen, wir haben Spielzeug und ein warmes Zuhause. Dafür danken wir dir! Gib uns ein gutes Herz, damit wir auch an die Menschen denken, die es nicht so gut haben wie wir. Amen.

Schlusslied: Lasst uns froh und munter sein (s. S. 5)

Nikolaus mit Mitra und Stab

Das wird gebraucht:
weißes Zeichenpapier für den Körper, rotes Tonpapier für den Mantel, Goldfolie für die Mitra und den Bischofsstab, Watte für den Bart und die Haare, Schere, Klebstoff

So wird es gemacht:

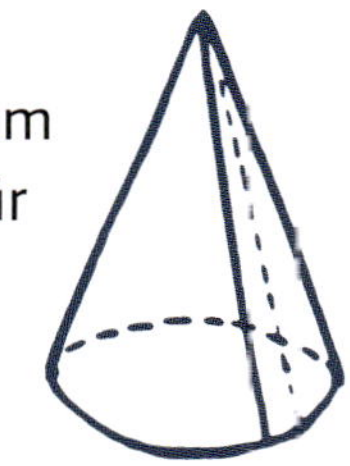

Körper: Aus weißem Zeichenpapier einen Kreis mit 24 cm Durchmesser schneiden. Den Kreis in vier Teile teilen. Für den Körper wird 1/4 des Kreises gebraucht. Den Kreisabschnitt zu einer spitzen Tüte zusammenkleben. Das ist der Körper.

Mantel: Aus rotem Tonpapier ein Rechteck in der Größe 14,5 × 4,5 cm schneiden. Aus der Mitte einen Kreis von 2,5 cm Durchmesser herausschneiden. Das ist der Mantel mit dem Kopfloch. Den Mantel über den Körper ziehen und mit zwei Tropfen Klebstoff am Saum festkleben.

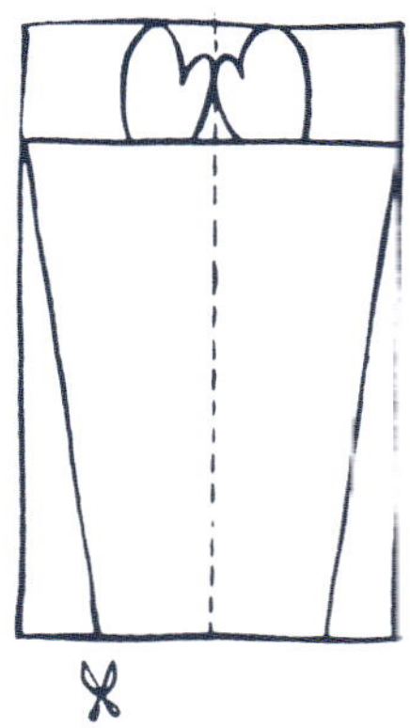

Arme: Aus weißem Zeichenpapier ein Rechteck in der Größe 8 × 5 cm schneiden. Nach der Vorlage die Arme zeichnen und ausschneiden. Die Arme unter den Mantel an den Rücken des Körpers kleben.

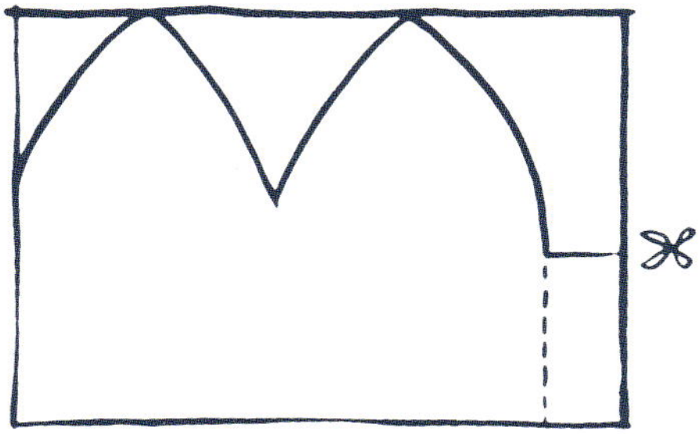

Mitra: Auf ein 7,5 × 5 cm großes Rechteck aus Goldfolie nach der Vorlage die Mitra zeichnen. Das kleine Rechteck, 2 × 1 cm, am Rand wird gebraucht, um die Mitra zusammenzukleben. Die Mitra auf die Spitze des Körpers setzen.

Gesicht, Bart und Haare: Zum Schluss dem Nikolaus ein Gesicht malen und ihm einen Bart und Haare aus Watte ankleben.

In einer Hand hält der Nikolaus einen Bischofsstab, aus Goldfolie geschnitten. Die Spitze ist zu einer „Schnecke" aufgerollt.

ELISABETH SCHARAFAT

Papas Schuhe

Nikolaus, kommst du zu mir,
stehn Papas Schuhe vor der Tür.
Meine Schuhe sind zu klein.
Viel zu wenig passt hinein!

ROLF KRENZER

Sterntaler

Pauline ging ein wenig verträumt durchs Leben. Eines Tages traf sie auf dem Heimweg von der Schule einen streunenden Hund, der sie aus traurigen Augen so hungrig anschaute, dass sie ihm ihr übrig gebliebenes Schulbrot schenkte. Der Hund schmiegte seinen Kopf dankbar an ihr Bein, bevor er mit dem Butterbrot verschwand.

Einige Zeit später sah Pauline im Park einen kleinen Jungen, der schluchzte und weinte. „Warum weinst du so?“, fragte Pauline. „Ich habe meinen Lieblingsbären verloren. Ohne meinen Heini kann ich bestimmt nie wieder einschlafen!“ Da öffnete Pauline ihre Schultasche und zog einen kleinen Stoffhasen heraus. Man konnte sehen, wie lieb sie den Hasen hatte, denn er war schon ziemlich abgenutzt. „Hier, nimm mein Kuscheltier. Mit ihm zusammen konnte ich immer gut einschlafen. Ich werde bald zehn, deshalb komme ich bestimmt auch ohne den Hasen aus.“ Der Junge stammelte: „Das ist aber nett von dir“ – und lief schnell davon, damit das Mädchen es sich nicht noch anders überlegen konnte.

Lieber Gott,

so wie das Mädchen im Märchen auf dich vertraut, will auch ich auf dich vertrauen. Ich weiß, dass du bei mir bist, auch wenn ich mal Schwierigkeiten habe. Das gibt mir Mut und Kraft. Danke, dass du immer für mich da bist. Amen.

Als Pauline in die Straße einbog, in der sie wohnte, sah sie Frau Schneider am Fenster sitzen. Sie grüßte freundlich und Frau Schneider öffnete das Fenster. Die beiden plauderten ein wenig. Die Nachbarin erzählte, dass sie das Laub im Garten nicht zusammenharken konnte, weil ihr der Rücken so wehtat. Da nahm sich Pauline die Harke und brachte den Garten in Ordnung.

Es dämmerte schon, als Pauline endlich zu Hause ankam. Ihre Mutter schimpfte, weil sie sich so sehr verspätet hatte. Zur Strafe musste sie ohne Abendessen ins Bett. Da lag Pauline nun hungrig und ohne ihren Kuschelhasen und wartete traurig darauf, trotzdem einschlafen zu können. Als sich endlich der Schlaf über sie legte, hatte sie einen wunderbaren Traum: Sie träumte, dass sie im Dunkeln durch einen Wald ging und plötzlich die Sterne vom Himmel fielen. Als sie genauer hinsah, merkte sie, dass es lauter Goldmünzen waren.

Am nächsten Morgen konnte sich Pauline noch gut an den schönen Traum erinnern und machte sich fröhlich auf den Weg in die Schule. Der Morgen war frostig. Deshalb steckte sie ihre Hände in die Jackentaschen. Dort fühlte sie etwas Kaltes – und als sie es herauszog, sah sie, dass es eine glänzende Goldmünze war.

DAS HAUS VOM NIKOLAUS

Zu dem Reim „Das ist das Haus vom Ni-ko-laus“ lässt sich ein einfaches Haus zeichnen, ohne den Stift zwischendurch abzusetzen.

Das Herz öffnen

Das Herz aus Stein

Es lebte einst in Myra ein wohlhabender Kaufmann. Obwohl es ihm gut ging, war er nicht zufrieden mit dem, was er besaß. Man weiß ja, oft ist es so, je mehr einer hat, umso mehr will er zusammenscharren. Eines Tages begegnete ihm der Teufel. Der bot dem Kaufmann an, ihn über alle Maßen reich zu machen. Das Einzige, was er dafür tun müsse, sei ihm sein Herz zu geben. Er, der Teufel, versprach ihm stattdessen ein Herz aus Stein. „Denn so ein steinernes Herz musst du haben, wenn du unermesslich reich werden willst“ schloss er seine Rede.

Der Kaufmann willigte ein. Von nun an war sein ganzes Denken und Sinnen darauf gerichtet, seinen Reichtum zu mehren und Schätze anzuhäufen. Er verlieh oft Geld zu Wucherzinsen an Menschen, die in Not geraten waren, und trieb ihre Schulden nach der vereinbarten Zeit mit aller Härte ein. Er scherte sich nicht darum, wenn die Menschen Haus

ERZÄHLHILFE:
Herzen aus Pappe und / oder Bild der Erzählung

IMPULSFRAGEN:

- ✔ Legende bis zur „Traurigkeit des Kaufmanns“ erzählen. Die Kinder vermuten lassen: „Was meint ihr: Welchen Rat hat der Nikolaus dem Kaufmann gegeben?“
- ✔ „Eigentlich war am Anfang der Geschichte der Kaufmann ja schon „sehr reich“. Warum hat er trotzdem sein Herz gegeben?“

und Hof verloren und den Bettelstab nehmen mussten. Es kam, wie der Teufel versprochen hatte: Der Kaufmann wurde bald der reichste Mensch weit und breit.

Aber die Zahl seiner Feinde wuchs. Schließlich scheute sich jeder, mit diesem Menschen etwas zu tun zu haben. Sie gingen ihm aus dem Weg. Der Kaufmann verlor selbst seine besten Freunde und wurde sehr einsam. Er spürte, dass Geld und Gut in einem Menschenleben längst nicht alles ist, und das steinerne Herz lag ihm schwer in der Brust. Traurig lief er durch die Straßen. Da begegnete ihm der heilige Nikolaus.

„Was bedrückt dich, Bruder?", fragte er den Kaufmann. Der erzählte ihm sein Leid.

„Es gibt einfache Medizin, die dich heilen kann", sagte Nikolaus. „Aber wie manche gute Medizin wird sie dir bitter schmecken." „Ich würde dir für eine solche Medizin geben, was immer du verlangst", versprach der Kaufmann eifrig.

„Ich, mein Lieber", sagte Nikolaus, „ich brauche nichts von dir. Aber geh zu den Armen, zu den Kranken, zu denen, die kein Haus haben und in Not sind. Gib denen von deinem Überfluss und lindere ihre Leiden. Dann wird dein steinernes Herz mehr und mehr schmelzen."

Es fiel dem Kaufmann zunächst schwer, dem Rat des Heiligen zu folgen. Aber dann versuchte er es, erst heimlich und bei Nacht. Er schlich sich zu den Häusern der Armen und legte ihnen einige Geldstücke vor die Haustür. Er gab denen, die keine warme Kleidung besaßen, von seinen eigenen Kleidern etwas ab. Wer Hunger leiden musste, der fand einen Korb mit Brot und Fleisch vor seinem Haus; ja, er

- ✔ „Was bedeutet es eigentlich, wenn jemand sein Herz gibt? Der schneidet sich doch nicht die Brust auf und holt sein Herz daraus, oder?"
- ✔ „Mit dem Herzen kann man Dinge sehen (und fühlen), die das Auge so schnell nicht erkennt" (jemanden von Herzen lieb haben, Mitleid spüren,...).
- ✔ „Der Kaufmann ist ‚maßlos'. Was heißt das eigentlich? Können Kinder auch schon ‚maßlos' sein?"

ließ kleine Häuser bauen und überließ sie armen Familien mit Kindern, ohne einen Mietzins von ihnen zu verlangen. Sogar ein Haus für die Kranken stiftete er. Bald schon hatten die Leute in Myra den erkannt, der vielen eine Hilfe wurde. Von Mal zu Mal fiel es dem Kaufmann leichter, sich von seinen Schätzen zu trennen. Er spürte, wie es ihm wärmer ums Herz wurde. Als er all seinen Reichtum weggeben hatte, war auch sein steinernes Herz verschwunden und ein Menschenherz schlug wieder in seiner Brust. Nun dachte der Kaufmann voller Furcht: Ich habe nichts mehr, was ich weggeben kann. Bald wird mich keiner mehr lieben.

Aber es kam ganz anders. Er wurde oft eingeladen, ja sogar die Armen teilen ihr Brot mit ihm und er hatte viele Freunde in der Stadt. Als er in Frieden starb, ging jeder, der laufen konnte, mit seinem Leichenzug und tausend Zungen lobten seine guten Taten. Bischof Nikolaus hielt ihm die letzte Predigt und sagte, er wisse sicher, dass diesem Mann die Himmelstür offen stehe; denn Jesus selbst habe es ja gesagt: Was ihr den geringsten meiner Brüder und Schwestern tut, das habt ihr mir getan.

NACH EINER LEGENDE

- ✔ „Wann sind wir ‚maßlos'? Wovon bekommen wir nie genug?"
- ✔ „Wer ‚maßlos' ist, sieht selten die Not seiner Mitmenschen. Was brauchen eigentlich unsere Mitmenschen (Freunde, Eltern, …) von uns?" (Zeit, liebhaben, …)
- ✔ „Wie können wir zeigen, dass wir ein Herz für Kinder … haben?"
- ✔ „Der Kaufmann ist zum Schluss gar nicht mehr so reich. Aber er ist glücklich. Das ist doch komisch, oder?"

Herz aus Stein – Herz aus Fleisch

Ich will euch ein neues Herz und einen neuen Geist geben. Ja, ich nehme das versteinerte Herz aus eurer Brust und gebe euch ein lebendiges Herz. Mit meinem Geist erfülle ich euch, damit ihr nach meinen Weisungen lebt, meine Gebote achtet und sie befolgt. Dann wohnt ihr wieder in dem Land, das ich euren Vorfahren gegeben habe. Ihr werdet mein Volk sein, und ich werde euer Gott sein.

EZECHIEL 36,26–28

GESPRÄCHSIMPULS

Fallen dir Eigenschaften ein, die typisch für ein „Herz aus Fleisch" sind, und andere Eigenschaften, die eher zu einem „Herzen aus Stein" passen?

Sankt Niklaus ist ein guter Mann

TEXT UND MELODIE: AUTOREN UNBEKANNT

Ach, du lieber Nikolaus

Ach, du lieber Nikolaus,
komm ganz schnell in unser Haus.
Hab so viel an dich gedacht!
Hast mir doch was mitgebracht?

VOLKSGUT

EINE MITRA FÜR DEN SCHOKO-NIKOLAUS

Manchmal hat man Glück und findet einen „echten" Bischof Nikolaus. Doch die meisten Nikoläuse aus Schokolade, die man im Handel erhält, haben eine rote Zipfelmütze statt einer Mitra. Auf www.weihnachtsmannfreie-zone.de findet sich ein Bastelbogen zum Download, mit dessen Hilfe man leicht einen Bischof aus dem Schokoladenmann machen kann.

Weckmänner

Das wird gebraucht:

6 EL Sonnenblumenöl, 75 g Zucker, 1 Pck. Vanillezucker, 150 g Quark, 1 Ei, 3 EL Milch, 300 g Mehl, 1 Pck. Backpulver, einige Rosinen

So wird es gemacht:

Öl, Zucker und Vanillezucker mit dem Handrührgerät verrühren. Dann Quark, Ei und Milch darunterrühren. Mehl und Backpulver in zwei bis drei Portionen hinzugeben, bis ein glatter Teigkloß entstanden ist. Den Teig auf eine bemehlte Arbeitsfläche geben und mit den Händen weiterkneten. Dabei so lange etwas Mehl hinzugeben, bis der Teig nicht mehr klebt.

Den Teig in vier Teile teilen und flachdrücken. Kopf, Arme und Beine formen und mit Rosinen das Gesicht bilden.

Backblech mit Backpapier auslegen und die Weckmänner bei 200 Grad circa 20 Minuten backen.

ADVENT

Der Nikolaustag liegt in der Adventszeit. „Advent“ bedeutet Ankunft, Erwartung. Vier Wochen lang bereiten wir uns auf die Ankunft von Gottes Sohn Jesus vor. Dann feiern wir Weihnachten, das Geburtsfest Jesu. An jedem Adventssonntag zünden wir eine Kerze am Adventskranz an. Damit erinnern wir uns daran, dass Jesus für die Menschen wie ein Licht in der Dunkelheit ist.

Nikolaus-Kim-Spiel

Auf einen Tisch oder ein Tablett werden Gegenstände gelegt, die mit Nikolaus oder der Adventszeit zu tun haben, zum Beispiel ein Apfel, einige Nüsse, ein Ausstechförmchen, ein kleiner Esel usw. Ein Kind sieht sich die Gegenstände genau an und verlässt dann den Raum. Nun gibt es mehrere Möglichkeiten: Entweder werden zwei Gegenstände miteinander vertauscht, es wird ein Gegenstand weggenommen oder es wird ein Gegenstand dazugelegt. Das Kind wird wieder in den Raum gerufen und muss die Veränderung erraten.

In einer weiteren Spielvariante wird nach dem Einprägen über alle Gegenstände ein Tuch gedeckt und ein Kind muss versuchen, aus der Erinnerung alle Gegenstände aufzusagen.

Schmuckkerzen

Das wird gebraucht:
dicke Kerzen, Knetwachsplatten in verschiedenen Farben, kleine Ausstechförmchen für Plätzchen

So wird es gemacht:
Mit den Ausstechförmchen weihnachtliche Motive aus den Wachsplatten ausstechen und auf den Kerzen festdrücken.

Sprichworte zum Thema „Herz“ sammeln

Auf einer großen Pappe werden Sprichworte gesammelt, in denen das Wort „Herz“ vorkommt. Anschließend können die Kinder versuchen, die Sprichworte pantomimisch darzustellen oder zu zeichnen. Beispiele für Sprichworte sind:

✔ einem ans Herz gewachsen sein ✔ einem sein Herz schenken ✔ etwas nicht über das Herz bringen ✔ sich etwas zu Herzen nehmen ✔ jemanden im Herzen tragen ✔ sich ein Herz fassen ✔ seinem Herzen einen Stoß geben ✔ das Herz in die Hand nehmen ✔ das Herz auf der Zunge tragen ✔ das Herz auf dem rechten Fleck haben ✔ das Herz rutscht in die Hose ✔ jemandem sein Herz ausschütten ✔ jemanden ins Herz schließen ✔ ein Herz und eine Seele sein ✔ jemandem das Herz stehlen ✔ mit ganzem Herzen bei der Sache sein.

WICHTELN

Die Namen der Kinder aus der Gruppe werden auf Zettel geschrieben und diese in einen Korb gelegt. Jedes Kind zieht einen Namen und überlegt sich, was es dem Kind, dessen Namen es gezogen hat, schenken könnte (möglichst selbst gebastelt). Das Geschenk wird schön eingepackt und ohne zu verraten, von wem es kommt, dem jeweiligen Kind an den Platz gelegt.

Ich schenk dir einen Sonnenstrahl

2. Ich schenk dir einen Sonnenstrahl, dann spürt es jedermann:
Ein Sonnenstrahl steckt tausendmal die andern alle an.

3. Ich schenk dir einen Sonnenstrahl, damit du daran denkst,
dass du mir einen Sonnenstrahl, wenn ich ihn brauche, schenkst.

Beschützer in Gefahr

ERZÄHLHILFE:
Taue, Modellboot und /oder Bild der Erzählung

IMPULSFRAGEN:

- ✔ „Die Seeleute hatten schreckliche Angst. Wovor? Was taten sie in ihrer Angst?“
- ✔ „Sie rufen in ihrer Angst nach Nikolaus. Warum?“ „... und wenn ihr Angst habt?“
- ✔ „Manchmal kann kein Mensch mehr helfen. Und trotzdem geht das Leben weiter. Menschen, die an Gott glauben, beten. Was hättet ihr gebetet, wenn ihr beim Sturm auf dem Schiff gewesen wärt?“

Rettung aus Seenot

Zu der Zeit, als Nikolaus Bischof von Myra war, fuhren einmal drei Männer aufs Meer hinaus. Plötzlich verdunkelte sich der Himmel und es zog ein heftiger Sturm auf. Die Wellen türmten sich immer höher auf und warfen das kleine Segelschiff hin und her. Schon bald zerriss der Wind die Segel. Als die Wellen über die Reling schwappten und das Schiff voll Wasser zu laufen begann, bekamen die Männer es endgültig mit der Angst zu tun. In ihrer Verzweiflung riefen sie den Bischof um Hilfe an: „Nikolaus, bitte hilf uns in unserer Not!“

Im nächsten Augenblick sahen sie einen fremden Mann am Steuer ihres Schiffes stehen. Er nickte ihnen freundlich zu und lenkte das Segelschiff in aller Ruhe durch den Sturm, bis sie sicher im Hafen von Myra anlegten. Noch bevor die Männer ihm danken konnten, war der Fremde im lebhaften Treiben des Hafens verschwunden.

Da liefen die Männer zur Kirche, um dort Gott für die wundersame Rettung zu danken. Dort trafen sie auf Nikolaus, den Bischof von Myra. Und zu ihrem großen Erstaunen stellten sie fest, dass es Nikolaus selbst gewesen war, der sie auf dem Meer gerettet hatte. Sie knieten voller Ehrfurcht vor ihm nieder und dankten ihm von ganzem Herzen. Nikolaus aber sagte zu ihnen: „Erinnert euch an die Geschichte von Jesus. Er war so stark, dass er sogar den Sturm auf dem See Genesaret zum Schweigen bringen konnte. Wenn ihr auf ihn vertraut, kann euch nichts geschehen.“

NACH EINER LEGENDE

Sturm auf dem See

Am Abend dieses Tages sagte Jesus zu seinen Jüngern: „Lasst uns über den See ans andere Ufer fahren!“ Sie schickten die Menschen nach Hause und fuhren mit dem Boot, in dem Jesus saß, auf den See hinaus. Einige andere Boote folgten ihnen. Da brach ein gewaltiger Sturm los. Hohe Wellen schlugen ins Boot, es lief voll Wasser und drohte zu sinken. Jesus aber schlief hinten im Boot auf einem Kissen. Da weckten ihn die Jünger und riefen: „Lehrer, wir gehen unter! Kümmert dich das denn gar nicht?“ Jesus stand auf, gebot dem Wind Einhalt und befahl dem See: „Sei still! Schweig!“ Sofort legte sich der Sturm, und es wurde ganz still. „Warum habt ihr Angst?“, fragte Jesus seine Jünger. „Habt ihr denn noch immer kein Vertrauen zu mir?“ Voller Entsetzen sagten sie zueinander: „Was ist das für ein Mensch? Selbst Wind und Wellen gehorchen ihm!“

MARKUS 4,35–41

Guter Jesus,

*du sagst:
Wenn ich
bei euch bin,
dann braucht ihr
keine Angst zu haben.
Wir bitten dich, lass
uns immer spüren,
dass du da bist.
Schenke uns
den Glauben
an dich.
Amen.*

Verklanglichung und Spielanleitung zum Bibeltext

Vorstellung	Verklanglichung	Spielanleitung
Das Boot fährt über den See.	Sanfte Wellenbewegungen auf und ab auf Xylofon, Metallofon und Glockenspiel	*In einem umgedrehten Tisch sitzen einige Kinder und machen Ruderbewegungen. Andere Kinder mit blauen Tüchern stehen rechts und links neben dem Boot. Je zwei Kinder halten ein Tuch und ahmen damit die sanften Wellenbewegungen nach.*
Jesus schläft.	leiser Triangelton	*Ein Kind liegt im Boot und schläft.*
Es stürmt.	Trommeln, Hölzer und Rasseln ahmen den Sturm nach.	*Die Tücherkinder machen mit den Tüchern hohe Wellenbewegungen.*
Die Jünger haben Angst.	Rasseln	*Die Kinder im Boot wecken „Jesus“.*
Jesus befiehlt dem Sturm.	Paukenschlag, dann Stille	*„Jesus“ steht auf und streckt einen Arm aus. Die Tücherkinder halten ihre Tücher still.*

Rette sich, wer kann

Mit einem Bewegungsspiel kann man in das Thema der Rettung aus Seenot einführen. Die Kinder gehen durch den Raum. Wenn der Leiter/die Leiterin „Rette sich, wer kann!“ ruft, müssen die Kinder sofort das umsetzen, was der Leiter/die Leiterin vorgibt, also zum Beispiel:

- ✔ Setze dich Rücken an Rücken mit einem anderen Kind auf den Boden.
- ✔ Klettere auf einen Stuhl.
- ✔ Verstecke dich unter dem Tisch.
- ✔ Versuche, auf einem Bein zu stehen.
- ✔ Rudere kräftig mit den Armen.

Bei einer anderen Variante des Spiels wird eine Decke in die Mitte des Raumes gelegt. Nach dem Befehl „Rette sich, wer kann!“ nennt der Leiter/die Leiterin ein Körperteil, mit dem jedes Kind die Decke berühren muss, um „gerettet“ zu werden.

Segelboote basteln

Das wird gebraucht:

Holz-Wäscheklammern, Holzspieße, farbiges Papier, Klebstoff, Schere

So wird es gemacht:

Die Holzspieße mit der Schere halbieren. Auf das Papier ein Segel aufmalen und zweimal ausschneiden. Zwischen die beiden Segelteile den Holzspieß legen (dabei ein Ende des Hölzchens etwas überstehen lassen) und dann die Segel zusammenkleben. Das Hölzchen in der Klammer festklemmen.

Nikolaus und die Schiffer

2. Ein Sturm kommt auf überm Meer.
Die Wellen schlagen höher.
Ein Sturm kommt auf überm Meer
und er kommt immer näher.

3. Es reißt das Segel entzwei
und unser Schiff wird sinken!
„O Nikolaus, steh uns bei
und lass uns nicht ertrinken!“

4. Seht ihr den Fremden dort stehn,
den fremden Mann am Steuer?
Vertraut! Uns wird nichts geschehn
in diesem Abenteuer.

5. Er lenkt das Schiff durch die Flut.
Er steuert viele Stunden.
Als alles dann wird gut,
ist auch der Mann verschwunden.

6. Wir steigen im Hafen aus
und laufen zur Kapelle.
Da steht Bischof Nikolaus.
Wir zögern an der Schwelle.

7. Dann knien wir im Gotteshaus
gleich vor dem Bischof nieder.
„Wir danken dir, Nikolaus!"
Wir rufen es immer wieder.

8. Der Bischof sagt: „Freunde, wisst,
dass einst im Boot vor Jahren
die Seestürme Jesus Christ
sogleich gehorsam waren.

9. Wenn ihr nur auf Christus baut,
dann werdet ihr es sehen:
Wenn ihr ihm allein vertraut,
dann wird euch nichts geschehen!"

10. Ja, so wurde damals schon
für alle Seemannsleute
der Bischof zum Schutzpatron.
Und so ist es bis heute.

TEXT: ROLF KRENZER
MELODIE: MARTIN GÖTH

NIKOLAUS-LEPORELLO

Zur Legende von der Rettung aus Seenot malen die Kinder mehrere Bilder der einzelnen Szenen, die zu einem Leporello oder einem kleinen Buch zusammengeklebt werden.

Ein Sturm kommt auf

Alle sitzen im Kreis. In der Mitte ist ein großes blaues Schwungtuch ausgebreitet.

In der Mitte sehen wir ein blaues Tuch.
Es soll uns an einen See erinnern.
Wir haben eben gehört:
Jesus fährt mit seinen Freunden
über den See Gennesaret.
Wir fassen alle an das blaue Tuch und machen
damit kleine, sanfte Wellenbewegungen.
Dann legen wir das Tuch wieder zurück.
Wir schließen die Augen.
Vor unserem inneren Auge sehen wir
das kleine Fischerboot auf dem See.
Es wird angetrieben von einem sanften Wind,
der in das Segel bläst.
Es schaukelt sanft auf den Wellen.
Plötzlich kommt ein Sturm auf.
Ein heftiger Windstoß lässt das Segel aufblähen.
Die Wellen werden heftiger.
Immer höher schlagen sie ins Boot.
Der Sturm beginnt zu heulen.
Die Menschen im Boot sind hilflos.
Sie haben Angst.
An dieser Stelle fragen wir uns:
Waren wir auch schon einmal in solcher Not?
Hatten wir auch schon einmal große Angst?

Jesus sagt: Wenn ihr an mich glaubt,
wenn ihr auf mich vertraut,
dann braucht ihr keine Angst zu haben.
Der Sturm lässt nach.
Die Wellen gehen wieder sanfter.
Jetzt ist es ganz still.
Wir öffnen die Augen und sehen auf den stillen See.
Wir fragen uns: Haben wir es schon einmal erlebt,
dass jemand da war, als wir große Angst hatten?
Wie hat er, wie hat sie es geschafft,
unsere Angst zu vertreiben?

Bootsfahrt

In einer Turnhalle oder einem anderen großen, möglichst leeren Raum können die Kinder auf Bootsfahrt gehen. Dazu werden sie in Dreiergruppen eingeteilt. Jede Gruppe erhält eine stabile Decke. Ein Kind legt sich auf die Decke, die anderen beiden greifen jeweils zwei Zipfel der Decke und ziehen das liegende Kind vorsichtig durch den Raum. Dabei müssen die „Bootsführer" darauf achten, dass sie nicht mit anderen „Booten" zusammenstoßen.

Spekulatius

Das wird gebraucht:

500 g durchgesiebtes Mehl, 75 g Mandelblättchen, 250 g brauner Zucker, 250 g Butter, 3 Eier, abgeriebene Schale einer halben Zitrone, 1 Päckchen Spekulatiusgewürz, 1 Messerspitze Hirschhornsalz

So wird es gemacht:

Die Butter wird in kleine Stücke geteilt und mit dem Mehl und den anderen Zutaten – außer dem Hirschhornsalz – vermischt. Der Teig wird einige Stunden kalt gestellt; dann wird das Hirschhornsalz darübergestreut und der Teig ausgerollt. Der Teig wird in die bemehlten Formen gedrückt oder beliebige Formen werden ausgestochen und auf einem eingefetteten Blech bei mittlerer Hitze gebacken.

Lecker, lecker – Spekulatius!

Die leckeren Plätzchen mit dem schwierigen Namen sind heute auf jedem Weihnachtsteller zu finden. Früher war das ganz anders. Der Spekulatius wurde nur dem heiligen Nikolaus zu Ehren gebacken. Er hatte von ihm ja auch seinen Namen. Das war so: Die Römer nannten den Bischof von Myra in ihrer Sprache speculator. Das meint einen Mann, der oft nach innen lauscht. So bekam später das Festgebäck am Nikolaustag den Namen Spekulatius.

Als die römischen Soldaten dann vor vielen hundert Jahren auch in unser Land kamen, machten sie das Nikolausgebäck bei uns bekannt, zuerst am Niederrhein. Die Leute schnitzten eine große Holzform als Nikolausfigur, in die der Teig hineingedrückt und ausgeschlagen wurde. Spekulatiusbretter sagen wir heute dazu. Und wie es halt so geht: Die Naschkatzen fanden den Spekulatius so lecker, dass es ihn heute auch zu Weihnachten gibt. Nur kleiner ist er geworden und feiner, sogar mit Mandeln obendrauf. Dazu hat Nikolaus Gesellschaft bekommen von anderen Figuren.

HERMINE KÖNIG

Weihnachtliche Ketten

Das wird gebraucht:
farbiges Papier, Kordel oder schmales Geschenkband, Plätzchenausstecher, Schere, Klebstoff

So wird es gemacht:
Mithilfe der Plätzchenausstecher die Umrisse von weihnachtlichen Motiven auf Papier aufzeichnen und jedes Motiv doppelt ausschneiden. Eine Kordel in der Höhe des Fensters, das dekoriert werden soll, zurechtschneiden. Die Kordel spannen und zwei gleiche Motive, mit der Kordel dazwischen, zusammenkleben. Im Abstand von ca. drei Zentimetern das nächste Motiv zusammenkleben usw. Wenn man mehrere Ketten bastelt, kann man daraus einen adventlichen Vorhang fürs Fenster machen.

Freund der Kinder

Nikolaus rettet drei Schüler

Drei Jungen machten sich auf den Weg in eine fremde Stadt, um dort zur Schule zu gehen. Damals gab es nicht in jeder Stadt eine Schule. Außerdem konnten es sich nur die reicheren Eltern leisten, ihr Kind zur Schule zu schicken, denn nur sie konnten das Schulgeld bezahlen. Die Eltern der drei Jungen gaben ihnen also Kleidung, eine Schreibtafel und Goldstücke mit. Damit sollten sie für den Unterricht und die Unterkunft in der Klosterschule bezahlen.

Der Weg in die Stadt war so lang, dass die Jungen unterwegs in einem Wirtshaus übernachten mussten. Als sie ihr Gepäck aufschnürten, entdeckten die Wirtsleute die Goldstücke. Da wurden sie so gierig, dass sie die Kinder nachts im Schlaf erschlugen, damit sie an das Geld kamen.

Kurz darauf klopfte es an der Wirtshaustür. Widerwillig öffneten die Wirtsleute die Tür. Als sie sahen, dass es ein Bettler war, wollten sie die Tür gleich wieder schließen, doch der arme Mann schob sie beiseite und ging zielstrebig auf das Zimmer zu, in dem die toten Jungen lagen.

„Ihr Mörder!“, rief der Bettler. „Für diese schlimme Tat wird euch Gott bestrafen!“ Dann berührte er die drei Jungen an der Hand. Sie erwachten aus ihrem Todesschlaf, knieten vor dem Bettler nieder und riefen: „Nikolaus, du bist es! Du hast uns vom Tod errettet!“

Seitdem verehren die Menschen Nikolaus als Schutzpatron der Schüler.

NACH EINER LEGENDE

JESUS ERWECKT EINEN JUNGEN VOM TOD

Das Lukasevangelium erzählt von einer Begebenheit, wo Jesus einen toten Jungen wieder zum Leben erweckt: Lukas 7,12–15.

Freund der Kinder

Nikolaus war ein Freund der Kinder. Auch darin ist Jesus ein Vorbild. Obwohl Kinder zu Lebzeiten Jesu rechtlos waren, setzte sich Jesus für sie ein:

Eines Tages brachte man Kinder zu Jesus, damit er ihnen die Hände auflegte und für sie betete. Aber die Jünger fuhren sie an und wollten sie wegschicken. Doch Jesus sagte: „Lasst die Kinder zu mir kommen und haltet sie nicht zurück, denn Menschen wie ihnen gehört Gottes himmlisches Reich."

MATTHÄUS 19,13–14

Nikolaus, vergiss mich nicht!

Nikolaus, vergiss mich nicht
und komm doch bald zu mir!
Ich warte schon seit zehn nach vier
vor unsrer Wohnungstür.

ROLF KRENZER

Jesus,

wie Nikolaus bist auch du ein Freund aller Kinder. Du hast uns lieb. Danke, dass du immer für uns da bist, wenn wir dich brauchen. Amen.

Nikolausstiefel backen

Zutaten ... für den Teig:

150 Gramm Butter oder Margarine, 125 Gramm Zucker, 1 Ei, 1 Prise Salz, 0,5 Teelöffel gemahlenen Ingwer, 350 Gramm Mehl

... zum Bestreichen:

1 Eigelb, 2 Esslöffel Milch

... für die Verzierung:

150 Gramm Puderzucker, 2 Esslöffel Zitronensaft, Süßigkeiten (Gummibärchen, Schokolinsen etc.)

So wird's gemacht:

- ✔ Butter/Margarine, Zucker, Ei, Ingwer und Salz zu einer schaumigen Masse verrühren. Anschließend das Mehl hinzugeben und mit Knethaken, später mit den Händen zu einem glatten Teig verarbeiten.
- ✔ Nikolausstiefel je nach gewünschter Größe des Gebäcks auf ein Papier aufzeichnen und ausschneiden.
- ✔ Backofen auf 190 Grad (Umluft 170 Grad) vorheizen. Mehl ausstreuen und darauf den Teig ca. 0,5 cm dick ausrollen.
- ✔ Schablone auf den Teig legen und mit einem Messer vorsichtig die Nikolausstiefel ausschneiden und auf ein mit Backpapier belegtes Backblech geben.
- ✔ Eigelb und Milch verquirlen und die Nikolausstiefel damit bestreichen.
- ✔ Nikolausstiefel im Backofen ca. 10 bis 12 Minuten backen.
- ✔ Für den Guss Puderzucker und Zitronensaft zu einer zähflüssigen Masse verrühren.
- ✔ Mit dem Guss und den Süßigkeiten die Nikolausstiefel verzieren.

Freunde sein – freundlich sein

Nikolaus war ein Freund der Kinder. Damit ist er ein echtes Vorbild, das Kinder nachahmen können. Das Sprechen über die guten Taten des Nikolaus kann auch Anlass sein, die Kinder zu Freundschaft, Hilfsbereitschaft und Freundlichkeit im Umgang miteinander zu ermutigen.

In einer kleinen Übung können die Kinder dies gleich ausprobieren. Dazu werden die Namen aller Kinder der Gruppe auf Zettel geschrieben. Dann zieht jedes Kind einen Zettel und schreibt (anonym) für das Kind, dessen Name daraufsteht, eine kleine Botschaft. Die einzige Bedingung ist, dass die Botschaft positiv sein muss. Es kann zum Beispiel ein Kompliment oder eine Ermutigung sein. Anschließend werden die Zettel wieder eingesammelt und von der Leiterin/dem Leiter gemäß den Namen an die Kinder ausgeteilt.

Wie gut,

dass es
die andern gibt,
so bin ich nicht allein.
Du, Gott,
der alle Menschen liebt,
sollst unser
Freund auch sein.

ÜBERLIEFERT

Wo wohnt der Nikolaus?

Ich hab eine Reise nach Grönland gebucht
und habe den Nikolaus dort gesucht.
Habe gesucht so viele Stunden
und habe ihn leider nicht gefunden.

Ich flog über Eisberge und über Seen.
Ich hab mich bemüht, ihn doch zu erspähn.
Die tiefsten Höhlen tat ich erkunden.
Doch hab ich ihn leider auch hier nicht gefunden.

Am Nordpol dann könnt' ich fragen und fragen,
es konnte mir keiner etwas sagen.
Ich flog mit dem Hubschrauber viele Runden
und habe den Nikolaus nicht gefunden.

Bin bald darauf, das ist nicht gelogen,
noch bis Alaska weitergezogen.
Dort bin ich leider fast selbst verschwunden
und habe ihn trotzdem auch dort nicht gefunden.

Dann komm ich nach Hause ziemlich spät.
Was glaubt ihr, wer vor meiner Haustür steht
und sagt: „Ich dacht' schon, du wärst nicht zu Haus!"
Kein anderer war's als der Nikolaus!

Jetzt frage ich euch, bitte lacht mich nicht aus:
Wo wohnt er nun wirklich, der Nikolaus?

ROLF KRENZER

Niklaus, Niklaus, guter Mann

Niklaus, Niklaus, guter Mann,
zieh die Sonntagsstiefel an,
reis' damit nach Spanien,
kauf' Äpfel, Nüss', Kastanien.
Bring den kleinen Kindern was,
lass die Großen laufen,
die können sich selbst was kaufen.
Setz' dein Schimmelchen unter den Tisch,
dass es Heu und Hafer frisst;
Heu und Hafer frisst es nicht,
Zucker und Plätzchen kriegt es nicht.

VOLKSGUT

ANREGUNGEN

- ✔ Informiert euch in Büchern oder im Internet darüber, wie Nikolaus in anderen Ländern gefeiert wird.
- ✔ Gestaltet ein großes Plakat dazu, auf das ihr Fotos, zu dem Thema von euch gemalte Bilder und kurze Infotexte aufklebt.

Quellenverzeichnis

Texte: S. 4: nach: Rolf Krenzer, Willkommen, lieber Nikolaus! Lahn-Verlag in der Butzon & Bercker GmbH, Kevelaer 1998, www.lahn-verlag.de; S. 6 (Infotext): © Georg Austen; S. 6, 17 r. (Gebet) aus: Margrit M. Boos, Kindergartenkinder beten im Kirchenjahr, © Butzon & Bercker GmbH, Kevelaer, www.bube.de; S. 7, 9, 12 l., 13, 19 r., 28 l., 31 r., 38 ff., 48 l.: © Julian Heese; S. 10ff., 20, 28f., 31 (Kornschiff), 50, 54 f.: aus: Elsbeth Bihler, Mit Kindern Nikolaus feiern, © 2006 Lahn-Verlag in der Butzon & Bercker GmbH, Kevelaer, www.lahn-verlag.de; S. 16, 25: © Michael Cratzius; S. 18, 58: aus: Vom Nikolaus den Kindern erzählt, © 2015 Butzon & Bercker GmbH, Kevelaer, www.bube.de; S. 21: aus: Elke Bräunling, Morgen, Kinder, wird's was geben, © 2010 Butzon & Bercker GmbH, Kevelaer, www.bube.de; S. 26 f.: aus: Alfons Schweiggert, Der Weihnachtshase, © Alfons Schweiggert, München; S. 27 (Gebet): aus: Georg Austen, Elsbeth Bihler, Matthias Micheel (Hg.), Nikolaus, komm in unser Haus, © 2008 Lahn-Verlag in der Butzon & Bercker GmbH, Kevelaer, www.lahn-verlag.de; S. 34 (Bastelanleitung): © Elisabeth Scharafat; S. 35 (Papas Schuhe), 62: aus: Rolf Krenzer, Willkommen, lieber Nikolaus! a. a. O., © Rolf Krenzer Erben, Dillenburg; S. 36: aus: Kommt alle mit zur Krippe, © 2014 Butzon & Bercker GmbH, Kevelaer, www.bube.de; S. 42, 49, 59: aus: Hoffnung für alle TM, Copyright © 1983, 1996, 2002, 2015 by Biblica, Inc.; S. 44 (Rezept Weckmänner), 60 (Nikolausgeschenke aus Lebkuchen): nach: Nikolaus, komm in unser Haus, a. a. O.; S. 46 (Sprichworte sammeln): aus: Nikolaus, komm in unser Haus, a. a. O.; S. 56 (Lecker, lecker – Spekulatius): aus: Hermine König, Das große Jahresbuch für Kinder, © 2001 Kösel-Verlag, München, in der Verlagsgruppe Random House GmbH; S. 59: aus: Robert Haas, Rolf Krenzer, Georg Schwikart, Unser Jahr ist kunterbunt, © Lahn-Verlag in der Butzon & Bercker GmbH, Kevelaer, www.lahn-verlag.de, S. 62: © Rolf Krenzer Erben, Dillenburg

Fotos und Illustrationen: S. 3, S. 13 r.: © Bonifatiuswerk; S. 7: © Karin Cordes; S. 8, 53: © Ann Lukashenko – stock.adobe.com; S. 14, 21, 26, 63 o.: © ElenaMedvedeva – stock.adobe.com; S. 16: © scerpica – stock.adobe.com; S. 22: © gertrudda – stock.adobe.com; S. 23: © Sea Wave – stock.adobe.com; S. 24: © Christian Jung – stock.adobe.com; S. 27: © MARIMA – stock.adobe.com; S. 31: © marvalens – stock.adobe.com; S. 34/35 (Skizzen): © pteshka – stock.adobe.com; S. 37: © upixa – stock.adobe.com; S. 41: © beaubelle – stock.adobe.com; S. 43: © Bobo – stock.adobe.com; S. 44: © TwilightArtPictures – stock.adobe.com; S. 45: © Verlagsarchiv; S. 51: © Gina Sanders / Kaesler Media – stock.adobe.com; S. 56: © Björn Wylezich – stock.adobe.com; S. 57: © victoria p. – stock.adobe.com; S. 60: © D. Ott – stock.adobe.com; S. 61: © SashaBary – stock.adobe.com; alle anderen: Sigrid Leberer

Bibliografische Information der Deutschen Nationalbibliothek
Die Deutsche Nationalbibliothek verzeichnet diese Publikation in der Deutschen Nationalbibliografie; detaillierte bibliografische Daten sind im Internet über http://dnb.d-nb.de abrufbar.

Hilfswerk für den Glauben
bonifatius werk

In Kooperation mit dem Bonifatiuswerk
der deutschen Katholiken e.V.
Kamp 22, 33098 Paderborn
Msgr. Georg Austen, Generalsekretär
Telefon: (05251) 2996-0, Telefax: (05251) 2996-88
E-Mail: info@bonifatiuswerk.de
Internet: www.bonifatiuswerk.de

ISBN 978-3-7840-3623-6

Überarbeitete Neuausgabe 2022

Umschlagillustration: Sigrid Leberer
Umschlaggestaltung: Tanja Manden, Kevelaer
Layout und Satz: serfling.media, Leipzig